NOUVEAU PETIT
ALPHABET CHRÉTIEN

ou

LE LIVRE DE L'ENFANCE

NOUVELLE ÉDITION.

PARIS
G. RICHARD, ÉDITEUR, RUE DU PETIT-PONT, 10
AU BAS DE LA RUE SAINT-JACQUES.

NOUVEAU PETIT

ALPHABET CHRÉTIEN

OU

LE LIVRE DE L'ENFANCE

NOUVELLE ÉDITION.

PARIS
G. RICHARD, ÉDITEUR, RUE DU PETIT-PONT, 10
AU BAS DE LA RUE SAINT-JACQUES.

— 3 —

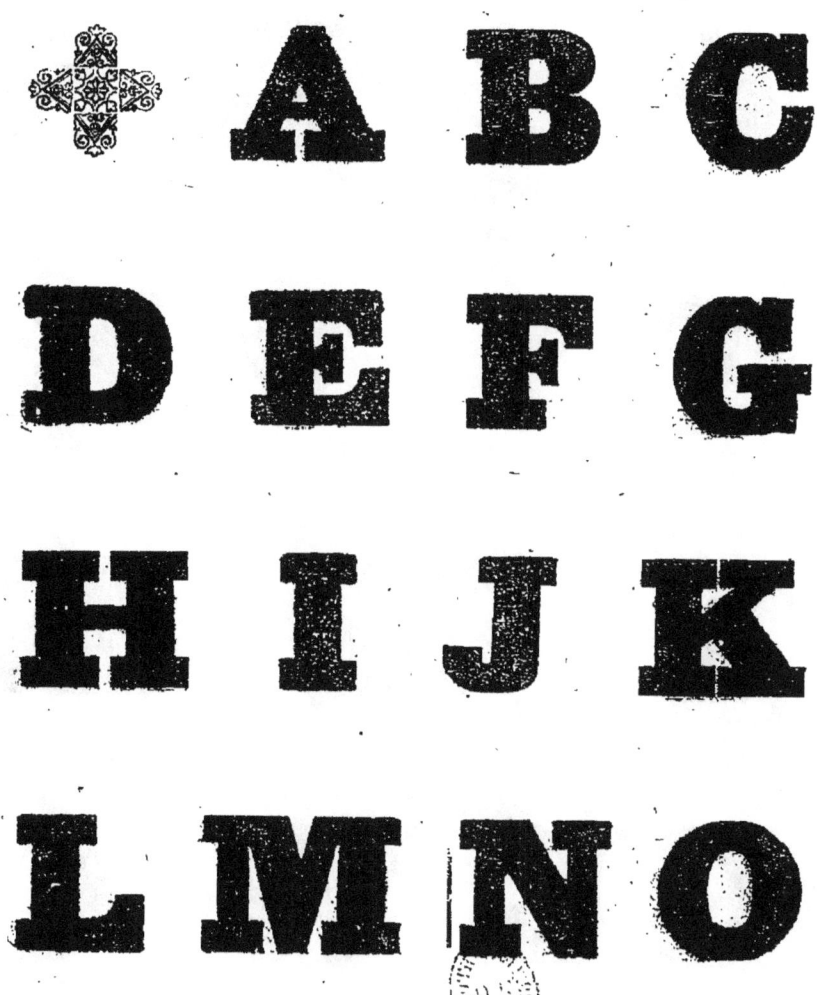

— 4 —

P Q R S

T U V X

Y Z Æ

OE W Ç

ALPHABET MÊLÉ

MAJUSCULES.

A E I M O B C F H
U R D G E K N X V
Z T J L P Q S Y

MINUSCULES.

a e i m o b c f h
u r d g e k n x v
z t j l p q s y

SYLLABAIRE SIMPLE

ba, be, bi, bo, bu,
ca, ce, ci, co, cu,
da, de, di, do, du,
fa, fe, fi, fo, fu,
ga, ge, gi, go, gu,
ha, he, hi, ho, hu,
ja, je, ji, jo, ju,
ka, ke, ki, ko, ku,
la, le, li, lo, lu,
ma, me, mi, mo, mu,
na, ne, ni, no, nu,
pa, pe, pi, po, pu,
qua, que, qui, quo, qu'u,

ra,	re,	ri,	ro,	ru,
sa,	se,	si,	so,	su,
ta,	te,	ti,	to,	tu,
va,	ve,	vi,	vo,	vu,
xa,	xe,	xi,	xo,	xu,
za,	ze,	zi,	zo,	zu.

VOYELLES.

a e é è ê i y o u

CONSONNES.

b c d f g h j k l m
n p q r s t v x z

CHIFFRES.

1 2 3 4 5 6 7 8 9 0

MOTS FACILES A ÉPELER
SONS SIMPLES ET COMPOSÉS.

UNE SYLLABE.	DEUX SYLLABES.
Dieu	pa-pa
pain	ma-man
muet	bo-bo
joie	mi-di
arts	a-mi
blanc	de-mi
canif	ce-ci
peau	ce-la
franc	Pa-ris
neuf	na-nan

e *muet,* monde, poule.

ACCENTS.

aigu (´), é *fermé,* été.
grave (`), è *ouvert,* père
circonflexe (^), tête, dôme.
tréma (¨), Moïse, haïr.

PONCTUATION.

point (.), *virgule* (,), *deux-points* (:), *point-et-virgule* (;), *point interrogatif* (?), *point admiratif* (!).

LECTURE COURANTE.

Mon fils, je veux que tu sois un homme sage, un honnête homme, un bon citoyen. Réfléchis avant de parler ou d'agir. « Rendez au Créateur tout ce qu'on doit lui rendre, réfléchissez avant que de rien entreprendre, » a dit Fénelon ; celui qui parle ou agit sans réfléchir est un insensé. La vie est courte ; mets à profit le temps qui t'est accordé ; ne nuis à personne et fais tout le bien que tu pourras, soit à tes amis, soit à tous tes concitoyens.

PRIÈRES.

SYMBOLE DES APOTRES.

Je crois en Dieu le Père tout-puissant, créateur du ciel et de la terre, et en Jésus-Christ son Fils unique, notre-Seigneur, qui a été conçu du Saint-Esprit, est né de la Vierge Marie ; qui a souffert sous Ponce-Pilate ; qui a été crucifié, est mort et a été enseveli ; qui est descendu aux enfers, est ressuscité des morts le troisième jour ; est monté aux cieux, est assis à la droite de Dieu, le Père tout-puissant, d'où il viendra juger les vivants et les morts. Je crois au Saint-Esprit, la sainte Eglise catholique, la communion des Saints, la rémission des péchés, la résurrection de la chair, la vie éternelle. Ainsi soit-il.

L'ORAISON DOMINICALE.

Notre Père qui êtes dans les cieux, que votre nom soit sanctifié ; que votre règne arrive ; que votre volonté soit faite en la terre comme au ciel ; donnez-nous aujourd'hui notre pain quotidien, et pardonnez-nous nos offenses, comme nous pardonnons à ceux qui nous ont offensés ; et ne nous laissez point succomber à la tentation ; mais délivrez-nous du mal. Ainsi soit-il.

LA SALUTATION ANGÉLIQUE.

Je vous salue, Marie, pleine de grâces ; le Seigneur est avec vous ; vous êtes bénie entre toutes les femmes, et Jésus, le fruit de vos entrailles, est béni.

Sainte Marie, Mère de Dieu, priez pour nous, pauvres pécheurs, maintenant et à l'heure de notre mort. Ainsi soit-il.

LA CONFESSION GÉNÉRALE.

Je me confesse à Dieu tout-puissant, à la bienheureuse Marie toujours vierge, au bienheureux saint Michel archange, au bienheureux saint Jean-Baptiste, aux Apôtres saint Pierre et saint Paul, et à tous les Saints, et à vous, mon père, d'avoir beaucoup péché, par pensées, par paroles et par actions ; c'est ma faute, c'est ma faute, c'est ma très-grande faute. C'est pourquoi je supplie la bienheureuse Marie toujours vierge, le bienheureux saint Michel archange, le bienheureux saint Jean-Baptiste, les apôtres saint Pierre et saint Paul, tous les Saints, et vous, mon père, de prier pour moi le Seigneur notre Dieu. Ainsi soit-il.

LES COMMANDEMENTS DE DIEU.

1. Un seul Dieu tu adoreras,
   Et aimeras parfaitement.

2. Dieu en vain tu ne jureras,
   Ni autre chose pareillement.

3. Les dimanches tu garderas
   En servant Dieu dévotement.

4. Tes père et mère honoreras,
   Afin de vivre longuement.

5. Homicide point ne seras,
   De fait ni volontairement.

6. Luxurieux point ne seras,
   De corps ni de consentement.

7. Le bien d'autrui tu ne prendras,
   Ni retiendras à ton escient.

8. Faux témoignage ne diras,
   Ni mentiras aucunement.

9. L'œuvre de chair ne désireras
   Qu'en mariage seulement.

10. Biens d'autrui ne convoiteras,
   Pour les avoir injustement.

LES COMMANDEMENTS DE L'ÉGLISE.

1. Les fêtes tu sanctifieras,
   Qui te sont de commandement.

2. Les dimanches messe entendras,
   Et les fêtes pareillement.

3. Tous tes péchés confesseras,
   A tout le moins une fois l'an.

4. Ton Créateur tu recevras
   Au moins à Pâques humblement.

5. Quatre-Temps, Vigiles, jeûneras,
   Et le Carême entièrement.

6. Vendredi chair ne mangeras,
   Ni le samedi mêmement.

Imprimé par Charles Noblet, rue Soufflot, 13.

Imprimé par Charles Noblet, rue Soufflot, 18.

www.ingramcontent.com/pod-product-compliance
Lightning Source LLC
Chambersburg PA
CBHW071433060426
42450CB00009BA/2158